안녕 나의 친구들!
우리 올해의 시작부터 집에서 오~랜 시간을 보냈지? 원래부터 살던 곳인데 아무 데도 가지 않고 집에서만 노니까 집이 새롭게 느껴졌어.
나는 원래 탐험가거든. 호기심이 가득한 내가 집을 구석구석 탐험해봤는데, 친구들도 함께할래? 먼저 네가 집에서 좋아하는 것들을 모아보고, 마음대로 방을 바꿔 보는 거야. 그런 다음 요리도 하고 영화도 보고 엄마 아빠처럼 컴퓨터도 좀 만지고, 숨바꼭질을 하는 거지. 우리의 탐험을 불안하게 생각하는 엄마 아빠를 위해 하루 시간 계획표도 세워볼까? 나의 모험은 모두 계획된 일이라고요. 하핫!
집은 참 신기해. 살펴볼수록 자꾸만 궁금한 게 늘어나. 동물들에게도 집이 있겠지? 세계 다른 사람들은 어디서 살고 있을까?
친구들이 집 탐험을 끝까지 마친다면, '집콕 탐험대원'을 증명하는 배지를 줄거야. 다들 준비되었지? 머뭇거릴 시간이 없다고! 집콕 탐험대 출발~!

HOME IS WHERE OUR BODY AND HEART STAY

집은 우리의 몸과 마음이 머무는 곳이야.
새도 개미도 나와 아리에게도 집이 있지.
우리가 사는 집 곳곳에 한글을 숨겨 놓았는데, 같이 찾아볼까?

DOO GIVES A HINT!
ㄱㄴㄷㄹㅁㅂㅅㅇㅈ을 각각 찾아줘!

LEAVE IT
UP TO ME

우리 집 거실을 내 맘대로 꾸며보려고 해. 친구들도 아래에 있는 가구와 소품들을 오려서, 마음에 쏙 드는 거실을 만들어 볼래?

IT'S TIME TO GO TO SLEEP

매일 밤 잠들기 전에 나는 좋아하는 잠옷을 입고 꼭 양치를 해. 너희들은 어때? 비어있는 반쪽을 너희들의 모습으로 채워봐.

두	찌	개	미	표	것
개					이
조					무
토					나
텐					울
나					밤
나					솔
바	자	설	너	표	리

그림에 숨은 글자 찾기!

SINGING MOTHER GOOSE 사랑하는 테디의 손을 잡고 노래를 불러봐

TEDDY BEAR, TEDDY BEAR, TURN AROUND!

teddy bear, teddy bear,
turn around!
teddy bear, teddy bear,
touch the ground!
teddy bear, teddy bear,
jump up high!
teddy bear, teddy bear,
touch the sky!

teddy bear, teddy bear,
take my hand
teddy bear, teddy bear,
your my friend
teddy bear, teddy bear,
i love you
teddy bear, teddy bear,
this is true

WEE DOO
Video
Channel!

PONY OF SWEET DREAM

어젯밤 행복한 꿈을 꿨어. 내 친구 포니가 진짜 말이 되어서 나를 구름 위로 데려다주었거든. 포니의 반짝이는 보랏빛 털과 푸른 눈을 잊어버리기 전에 빨리 그려 놓아야겠어. 나 좀 도와줄래?

DAILY LIFE AT HOME

오늘도 집에서 신나게 놀았어. 엄마가 땀에 젖은 내 옷을 빨고, 지저분해진 곳을 쓸고 닦고, 맛있는 밥을 차려 주셨지. 아주 개운하게 목욕도 했어. 엄마가 그러는데 어른이 되면 혼자서도 할 줄 알아야 한대!

BATH
목욕

CLEANING
청소

LAUNDRY
빨래

COOK
요리

LET'S MAKE PLANS FOR THE DAY

계획표가 있어야 규칙적인 생활을 할 수 있어. 너의 하루를 계획해보고 오른쪽의 그림을 오려서 해당하는 곳에 붙여 봐.

TADA! HERE IS YOUR COMPUTER!

HOUSE ENCYCLOPEDIA

세상에는 우리 생각보다 훨씬 더 다양한 집이 있어. 얼음으로 만든 이글루, 쉽게 짓고 헐 수 있는 이동식 집 게르, 나무 위에 지을 수 있는 작은 오두막도 멋지지! 네가 사는 집을 한번 그려 볼래? 너희 집은 무엇으로 만들어졌고, 어떻게 생겼니?

아파트

이글루

오두막

게르

COLORFUL AND COOL FRUIT ICE BAR

① 오렌지, 키위, 바나나 등 좋아하는 과일을 적당한 크기로 잘라줘.

② 아이스바 몰드에 과일을 넣어줘. 과일이 잘 보이도록 벽에 붙이면 더 예뻐.

③ 핑크색 에이드를 가득 붓고

④ 바 부분을 끼워준 뒤 냉동실에 꽁꽁 얼려줘.

⑤ 몰드를 물에 잠깐 담가두면 아이스바가 쏙 하고 빠질 거야.

⑥ 이제 한 입 베어 물어봐! 상큼하고 시원한 맛이 더위를 날려줄 거야.

INTRODUCE MY HOUSE

코로나19 바이러스가 전 세계를 뒤덮었고, 여기 내가 지내는 영국도 상황은 마찬가지야. 학교에 가지 않고 집에서 수업을 들으면서 보내지. 나와 친구 오로라는 각자 집에서 어떻게 시간을 보내는지 이야기를 나눠봤어. 이 책을 보고 있는 너도 집에서 보낸 이야기를 좀 들려줘.

MY HOME, JIWOO

i live in a flat that is tall and brick-made. the bricks are reddish-brown. it has seven floors. and all my neighbors live there. our house is very white. the door in front of the flat is brown and has a golden door handle.

나는 영국식 아파트인 플랫에 살고 있어. 높고 붉은 기가 도는 벽돌로 지어진 집이야. 내가 사는 동네에는 이런 플랫들이 많은데 붉은색 벽돌과 하얀색 대리석으로 1920년대부터 1950년대 사이에 지어진 건물들이라고 하니 정말 오래됐지? 그중 내가 사는 플랫은 7층 건물에 초록색 컬러가 포인트로 지어진 집이야. 우리 집은 2층이고 집 안은 정말 하얘. 현관문은 두 개인데 브라운 색이고 문 손잡이는 금색이야.

my favorite space in the house is a corner next to the bed. it's a bit dusty and dirty but i like it. i usually read books in the corner. the corner is next to the radiator. it's actually really warm and even though it's a bit dusty, it's nice and i've got used to that place. i love to read books in this corner.

우리 집에서 내가 가장 좋아하는 공간은 침대 옆 작은 구석이야. 이곳은 구석이라 먼지가 있고 깨끗하지 않지만 나는 이 구역이 참 좋아. 엄마는 더럽다고 여기 앉지 말라고 하지만 나는 책을 읽을 때면 꼭 이곳으로 와. 내 바로 옆에는 라디에이터가 있고 정말 따뜻해. 약간 더러워도 이 구석이 정말 좋아서 여기에 있는 게 익숙해. 나만의 구석에서 책 읽는 시간을 정말 사랑해.

i have moved this house recently, about a few months ago so i don't have many memories yet. however i remember the first day i moved into this house. we had so much stuff and when i first came in, to my eyes, it was the largest house i ever saw! however now, it doesn't look so big. i think it's funny that first time i moved in, it looked large and now it looks small.

나는 이사 온 지 몇 달 밖에 되지 않아서 사실 많은 기억은 없어. 이 집으로 오기 전, 런던에서 네 번의 이사를 했는데 여기에 이사 오던 날 비가 많이 왔어. 우리는 짐이 너무 많았고 내가 처음 이 집에 들어왔을 때 기억나는 건 이 집이 이 세상에서 본 집 중에 가장 큰 집 같았던 거야. 정말 너무너무 크고 넓어 보였어. 그런데 지금은 그렇게 커 보이지 않아. 나는 그게 너무 웃긴 거 같아. 처음에는 이 집이 커 보였는데 지금은 작아 보인다는 사실이 말이야.

A VISIT TO MY FRIEND'S HOME, AURORA

Can you describe your home?
I live in a tall, skinny town house which has a lovely blue front door. There are four floors and my room is on the second floor, next to my sisters' bedroom. At the back of the house is a tiny garden.

오로라, 너의 집을 소개해 줄래?

사랑스러운 블루 컬러의 문이 있는 길고 얇은 영국의 타운하우스에 살아. 4층 집에는 나와 부모님, 그리고 두 명의 여동생이 함께 살고 있어. 내방은 2층이고 여동생들이 자는 방과 붙어있어. 집 뒷마당에는 작은 영국식 가든이 있어. (영국 사람들은 집에 가든이 있는지 없는지를 무척이나 중요하게 여기는 것 같은데 그 중 한 예로, 이번 락다운 때에도 가든이 없는 사람들을 위해 다른 곳은 다 문을 닫아도 공원은 시민에게 개방해 놓았다. 누구나 가든을 즐길 권리가 있다는 것이 영국사람들의 생각이다.)

Where is your favorite space in your house?
My favorite space is my bedroom. It's not the biggest but it's comfy. It's where I sleep, do my homework and read. I love to read all the time!

네가 집에서 가장 좋아하는 공간은 어디니?

제일 좋아하는 공간은 바로 베드룸이야. 이 집에서 가장 큰 방은 아니지만, 제일 편안해서 좋아해. 나는 이 방에서 자고, 학교 숙제를 하고, 책 읽는 것을 좋아해.

Are there any memorable memories in your house when you were a child?
I've only lived in this house for one year, but my most treasured memory so far was my tenth birthday. I opened my presents in the morning and then I went through to the Harry Potter studios with my family. It was so scary and amazing. Then we came home and had cupcakes!

이 집에서 보낸 어린 시절의 추억이 있어?

이 집에 이사 온 지 일 년밖에 안되어서 어린 시절의 추억은 없어. 하지만 가장 기억에 남는 것은 나의 열 번째 생일이었어. 아침에 일어나서 생일 선물들을 다 열어보고 가족들과 함께 해리포터 스튜디오로 갔는데, 정말 진짜 같아서 오싹하면서도 재미있었어. 그리고 집으로 돌아와 가족들과 같이 컵케이크를 먹었던 게 제일 기억에 남아.

WHAT IS A HOUSE FOR YOU?

집은 다양한 모습이 될 수 있어. 네가 생각하는 집은 어떤 모습이니?
엉뚱하면 뭐 어때, 상상하는 건데! 종이 위에 펼쳐봐.

BY PAPAWORKROOM

나에게 집이란 어떤 곳인가요? 내에게는 젤에조흔곳.

EARTH

HOUSES

LET'S DO IT

똑똑! 집을 짓는 아저씨가 대문을 두드리고 있어. 같이 집을 지어 볼까?
아래의 그림 조각들을 오려서 집에 있는 재료들과 함께 '우리 집'을 만들어보자.

HOME FACING NATURE

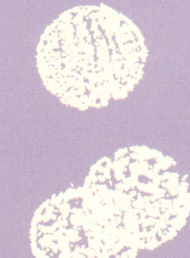

햇빛, 구름, 무지개, 꽃, 빛, 그림자, 미니정원이 그리웠어. 집에 자연을 들이는 우리의 그림을 소개할게.

BY ZUT ATELIE

엄하은 5세

꽃들이 저에게 자꾸 말을 걸고 싶은 것 같아요.
꽃들이 저와 이야기 나눌 수 있게 눈과 입을 붙여 줄 거예요.

서혜림 6세

꽃은 기쁠 땐 같이 축하해주고, 슬플 땐 우리를 위로해준대요. 혜림이와 항상 함께해줄 꽃 한송이를 만들어봐요. 꽃을 관찰하고 향도 맡아보며 한잎 한잎 패브릭 꽃잎을 만들어요. 작은 한송이 꽃을 보며 아름다움과 기쁨, 감사의 마음을 느낄 수 있어요!

김은서 7세

그림책 《나의 정원》을 읽고 추운 겨울이 되어 떠났던 새들이 따뜻한 봄이 되어 다시 우리 곁을 찾아오는 모습이 마음에 들어왔어요. 희망을 가득 품은 새를 만들어주고 알록달록 아름다운 무지개와 하늘 위를 날아다니는 꽃송이들, 나비들, 새들, 보송보송 구름을 그려봤어요.

남사율 7세

빨간 열매들이 가득 열린 나무를 봤어요. 그리고 날아가는 나비도 봤어요. 거기엔 제가 좋아하는 장수풍뎅이도 있을 거예요!

이서우 7세

우리엄마는 플로리스트예요. 엄마 꽃집에는 예쁜 꽃이 정말 정말 많아요! 나도 예쁜 꽃을 가득 그려주고 싶어요.

강수용 8세

우리 아파트에는 정원이 많이 있어요. 나도 메이처럼 나만의 작은 정원을 만들 거예요.

이서윤 11세

빛은 우리에게 꼭 필요해요. 색도 다양하고 크기도 다 달라요. 빛에 이렇게 많은 색이 있는 줄 몰랐어요. 너무 신비로워요!

쥬트zut!는 생각하는 아이를 키워내기 위한 프랑스 국립학교의 융합예술 커리큘럼으로 구성된다.
수업은 패브릭 아트 섹션과 파인 아트 섹션으로 진행된다. zutkorea.com

PIECE COLLECTION

조각을 모아 집을 만들어봤어.
집에 남은 천이나 종이 같은 재료로
조각을 모으자! 집을 짓자.

BY BDC ARTSTUDIO

주변의 쓰다 남은 조각을 모아 너의 집을 지어봐.

 비디씨 아트스튜디오BDC;bigdaycoming는 아이들이 소소한 일상에서 얻은 영감을 다양한 문화·예술 분야와 연계해 미술 활동으로 녹여낸다. 아트워크 클래스를 비롯해 비디씨 드로잉 클럽 등을 운영하고 있다. bigdaycoming.org

I'M LOOKING FOR A HOUSE!

여기 지붕과 색깔이 다른 집들이 있어. 내가 찾는 집은 지붕이 세모난 빨간 집과 지붕이 동그란 파란 집이야. 각각 몇 개씩 있는지 세어서 알려줘.

MY MINI MINI BOOK

손에 쏙 들어가는 그림책, 스스로 만들 수 있어!

Gran-Ipa and the Bear

어린 곰의 아침 식사
글·그림 김태경 | 앤카인드

아직 홀로 설 준비가 안 된 아기 곰이 겨울잠에서 깨어난다. 아주 추운 겨울날, 맛있는 음식 냄새가 솔솔 나는 집에 찾아간 아기 곰을 할아버지는 따뜻하게 맞아주고, 몇 번의 식사를 함께하는 동안 둘은 친구가 된다. 할아버지와 아기 곰처럼, 낯선 이를 마음에 들이며 우리는 조금 더 성숙해진다.

WHEN I STAY HOME...

하루 종일 집에 있는 건 사실 좀 지루하지만 덕분에 우리 집에 뭐가 있는지, 나는 뭘 할 때 행복한지 알 수 있게 됐어. 너의 이야기로 빈칸을 채워줄래?

내 방에 들어갈 때 _____

창문을 열어 보면 _____

친구들이 우리 집에 놀러 온다면 _____

아침에 일어나면 _____

자기 전에는 _____

우리 옆집에 _____

내 비밀기지를 만든다면 _____

엄마, 아빠랑 _____

내가 제일 아끼는 것은 _____

우리 집에서 가장 행복할 때는 _____

TO A HOME EXPLORERS

여기까지 온 친구들, 정말 대단한걸? 탐험을 마친 너희에게 '집 탐험대원'의 배지를 수료할게. 집콕의 시간도 우리의 모험을 막을 수 없다고!